DER ZYANOTISCHE PARASIT

von

Markus Anton

Bibliografische Information der Deutschen
Nationalbibliothek:
Die Deutsche Nationalbibliothek verzeichnet diese Publikation
in der deutschen Nationalbibliografie; detaillierte
bibliografische Daten sind im Internet über http://dnb.de
abrufbar.

Verlag: BoD · Books on Demand GmbH, Überseering 33, 22297
Hamburg, bod@bod.de
Druck: Libri Plureos GmbH, Friedensallee 273, 22763
Hamburg
ISBN: 978-3-8192-1123-2

nun falle ich mir selbst zur last

typisch

der körper gefangener der psyche

die psyche im körper gefangen ich wage es nicht von seele
zu sprechen in dieser zeit

ich denke über die zukunft nach

nachhaltigkeit

ich schütze folgende generationen

ich hoffnungsvoll bin leicht zu finden verliere mich in
leeren räumen stehen sitzen liegen essen trinken scheißen
kotzen pissen wichsen vögeln träumen

ich denke diesen ich geb mir mühe positiv zu denken es
bleibt jedoch bei einem milden lächeln mühe mich nicht
durchzudrehen weiß die psychiatrien sind überfüllt mit
meinesgleichen in dieser welt kannst du nur scheitern
solltest dir das gehirn wegschießen dann wärst du endlich
in der lage so zu denken wie alle anderen könntest reinen
gewissens behaupten dich für deine mitmenschen zu
interessieren gedanken

ich weiß nicht wie ich mich verhalten soll

fühle nichts

nur wer nicht in der lage ist zu vermitteln cancelt

irgendetwas denken

irgendetwas fühlen

irgendetwas essen

irgendetwas trinken

jemanden kennenlernen

mit jemandem zusammen sein

jemanden verlassen

verlassen werden

verletzen

verletzt werden

unmöglich unmachbar unsagbar

unsichtbar

versagen

verloren

vergessen

der situation angemessen

brauchst dringend hilfe

und liebe

heut von dir geträumt als sich die türen der u bahn
öffneten küsstest du mich hastig auf die wange ranntest
weinend weg und ich erwachte vor nem spiegel sagte deinen
namen

dann sprechen die wunden weit die wunden aufgemacht das
herz gebrochen das herz aufgewacht meine absichten unklar
der schmerz hat zugenommen das leben verschwunden das
leben abhanden gekommen hast auf jeden fall noch
ausreichend lebenszeit zur verfügung um spüren zu können
wie es sich anfühlt sämtliche entscheidungen bereuen zu
dürfen

ich weiß nicht wie es weitergehen soll

liegen bleiben wie letzten sonntag wie sonntag vor zwei
wochen wie jeden einzelnen tag in den letzten drei
monaten bist ein suchender sagte jemand bist ein
suchender mit dem bewusstsein dass er sich verlaufen hat
willst dich nicht einordnen lassen weißt genau wohin

dieser weg führt macht aber nichts du gehst diesen weg
bis zum bitteren ende und siehst dabei irrsinnig toll aus
besser als der rest der menschheit

würde ich mir selbst begegnen fände ich mich ätzend bin
deswegen grundsätzlich verständnisvoll wenn mich jemand
voll ätzend findet

beschwerst dich über deine nachbarn weil die sich
besaufen dann um zwei uhr morgens durch den hausflur
laufen klagelieder singen was machst du denn so
besonderes denkst wohl du bist was besseres gibst fremden
kaum ne chance selbst deine gabe stundenlang zuzuhören
ist nichts weiter als pure ablehnung schließlich könntest
du ja diskutieren aufeinander eingehen teilen opfer muss
man bringen

das hat der eine gesagt in der straßenbahn du hast nur
mit dem kopf genickt und weggesehen hattest das gefühl
dass er selbst nicht so recht davon überzeugt war

ich hätte sagen können ich meine dass sie selbst nicht so
recht davon überzeugt sind

wäre der typ ne zwanzigjährige gewesen hättest du schon
diskutiert wärst du nicht früher als nötig ausgestiegen
wärst du bei ihr geblieben bis zur endstation

beste absichten

was meinst du

ich war immer nett höflich zuvorkommend

sie fand dich ziemlich ätzend

mitnichten es gibt viele arten von übergriffigkeit ihre
worte

sie hatte angst vor dir i hate myself and want to die
warum hätte ihr das gefallen sollen sie positiv du
negativ

angenommen sie wäre jetzt hier

ist mir egal und wieder ich fasse einen gedanken oder ein
gedanke fasst mich lässt nicht zu dass ich vergesse
drängt nach der erinnerung

erinnerungen blutgetränkt nichts mehr fühlen wollen
wünschenswert

to do nichts mehr fühlen wollen

ich bin ihr sehr ähnlich schwierig einen ort zu finden an
dem es einem erlaubt ist zu atmen

hättest es besser wissen sollen würdest sie gerne
zusammenschlagen ficken oder kuscheln gekränkt du immer
schon hast es nur lange nicht gewusst

geahnt haben musst du es motiv all deiner handlungen

sie zurückzuweisen war die einzige möglichkeit
einigermaßen ungeschoren aus der sache rauszukommen
falsche zeit falscher ort wir momentan unmöglich

was willst du warum redest du nich mehr mit mir was hab
ich dir getan wie kann man so sein jemanden absichtlich
übersehn dauerts noch lange hab noch was vor deine
machotour aus dem zwanzigsten jahrhundert ist dermaßen
lächerlich du denkst du bist ein mann du bist kein mann
du bist ein kind du denkst du bist cool bist du nich du
bist ein feigling ich hasse dich das ist ja alles nichts
neues was willst du denn noch lass mich in ruhe man kann
doch wenigstens hallo sagen wenn man einander zufällig
begegnet unsere begegnungen sind nich zufällig du stellst
mir nach sei mal ehrlich

sie hat dich zurückgewiesen sie dich

liebe darf wohl als kriegerische handlung gelten
schließlich müssen menschen töten und wenn wir um
vergebung bitten klingen wir doch schrecklich involviert

machs wie alle anderen die welt bereisen nach hause
kommen eine familie gründen hammer nägel kleber tape und
seile kaufen sich an nen fernsehsessel montieren grün
fühlen links denken rechts wählen

hoffnungslos verloren inmitten hoffnungslos verlorener

die sich atemlos und mit gekrümmtem rücken durch
erhohlungsprogramme quälen mastvieh auf dem weg zum
schlachter pöbel welcher industriell gefertigten
lieblos zubereiteten überteuerten abfall zu feinkost
erhebt egal durchhalten der kinder wegen und wenn du dich
jahr für jahr foltern lässt für mehr geld darfst du dich
auch weiterhin privatpatient nennen macht aber keinen
unterschied denn letztendlich liegst du genauso da wie
jedes andere arme schwein dem kaum mehr zu helfen ist und
du nervst irgendwelche ärzte die sich eigentlich einen
dreck für dich interessieren und du nervst die junge
pflegerin behandelst sie schlecht weil du denkst sie
lässt sich von allen außer dir ordentlich durchvögeln
ertastest deine erkaltete schrunzel aus der von zeit zu
zeit zähe orangefarbene pisse drängt versuchst dich zu
artikulieren es bleibt bei dem versuch und die kinder
weinen weil sie trauer lernen mussten nicken einander
selbstmitleidig zu und du fühlst dich kein bisschen
schlecht bei dem gedanken schön dass ich euch alle bald
nicht mehr seh dann die nachbarn dieses arschloch endlich
weg ist doch wahr dann wieder die kinder oh je was wenn
ich auch mal so daliege na ja erstmal essen dann ab in
den urlaub was hat sich geändert der klang unserer
stimmen wenn wir vergebung einfordern

was nimmst du

medikamente zur entspannung der skelettmuskulatur und du

auch

schön oder

sehr warum nicht ein leben lang einfach nur dasitzen
vollständig entspannt den sonnenaufgang betrachten und
den sonnenuntergang oder den mond

schön

so schön

festhalten

festhalten

aber nur festhalten

was denn sonst

keine ahnung du bist manchmal so abwesend da weiß ich gar
nicht ob du mich überhaupt noch magst

ich mag dich

echt

doch ja

schön

sehr

nicht loslassen

nie mehr

komm wir starren in die sonne

so schön

ich möchte an krebs sterben

ich würde für dich sorgen

dito

sieh raus könnte auch boston sein oder berlin

dein hass wird keine spuren hinterlassen

nicht daran denken lieber an das

das

nein das

das

genau das

jetzt denkst du wie die alten denen du als kind immer
beim biertrinken und zigarettenrauchen zusahst meine

herren was hätte ich nicht alles aus mir machen können

und in der anderen ecke oder dir gegenüber großartige
menschen die etwas sinnvolles bewerkstelligen
persönlichkeiten die das leben aller nachhaltig verändern
werden existieren im dienste der nächsten

du hast keine chance tko in der ersten runde wie hast dus
überhaupt bis in den ring geschafft mögliche frage wie
hoch schätzt du den grad deiner irrelevanz ein auf einer
skala von eins bis zehn

mögliche antwort elf schläfrigkeit benommenheit mich von
verdrängten emotionen lösen beobachten beobachtet werden
konsumieren konsumiert werden nach und nach erwachen
übereilte handlungen ausführen deren ich mich ewig schäme

wie war das noch gleich du clean lohnsteuerkarte nine to
five bei deiner arroganz nie im leben mögliche frage
warum hast du eigentlich keine familie

mögliche antwort weil ich mit absoluter sicherheit die
gleichen fehler machen würde wie mein vater

es wird immer jemanden geben der einen spüren lässt dass
er macht hat

irgendjemand wird immer in der nähe sein um dich zu
beschützen

the string is always ready

mit nichts kann ich umgehen nur die damit verbundene
leere macht mir zu schaffen

leben dich weiß ich zu schätzen weil du die gewissheit
des todes bereitstellt

wird dir nichts nützen

jahrzehntelang hast du dich an idealen festgeklammert
plötzlich wachst du nachts auf finger und hände fühlen
sich an als hättest du jemandem jahrelang und pausenlos
die fresse poliert dann fragst du dich was ist eigentlich
aus dem vorhaben geworden mit spätestens siebenundzwanzig
aus dem leben zu scheiden

weißt du noch als du samstags immer in die großstadt
gefahren bist auf der suche nach filmen welche in
dorfvideotheken nicht erhältlich waren filme mit
schauspielern die du gut leiden konntest vermeintliche
persönlichkeiten mit vermeintlicher tiefe vermeintliche
tiefe die du nie begreifen wirst

beachte mich

james dean vierundzwanzig montgomery clift
sechsundvierzig marlon brando achtzig es werden dir also
noch zahlreiche momente gestattet in denen du dir i
coulda been a contender einreden darfst

na dann beeil dich konsumieren kaufen es ist nicht zu
warm nicht zu kalt leicht bewölkt du nicht zu jung nicht
zu alt bist mehr denn je davon überzeugt dass da draußen
jemand auf dich wartet der es wert ist alles leid siehst
gut aus wirkst cool niemand sieht dir an dass du
verängstigt bist

völlig egal wieviel klamotten du dir noch kaufst
überfluss überdruss beschäftigt dich mehr und mehr

bald fällt dir das atmen schwer

ladys and gentlemen we dont give a fuck proudly presents
the dissatisfied man who disguised himself while he in
search of himself lost himself

nur die ruhe hast nen trauerblick endlich musst kein
gesicht mehr machen jetzt hast du eins musst du ein
anderes ein neues machen neues idol neue visage neuer
look erinnere dich der typ den du mal im hochsommer
gesehen hast er hatte eine demolierte mit lammfell
gefütterte jacke an shirt hose und schuhe waren völlig
verdreckt und abgetragen er sah aus als wäre er nur
deshalb aus der mülltonne gekrochen damit er vom laufsteg
stürzen kann dabei muss er sich die platzwunde über der
linken augenbraue eingefangen haben sein blick dieses in
die ferne gucken nichts und niemanden fixieren
ewigwährende hoffnungslosigkeit damals dachtest du so
möchte ich auch krepieren cooler typ der scheißt auf
alles scheißt auf jeden

vor allem auf sich selbst

die stille in deinem schädel leere bedeutungslosigkeit
schritte atemzüge handlungen begegnungen bedeutungslos
unterdrückte wut grenzenloser hass völlig bedeutungslos

bist nicht verrückt bist nur besessen

wirst zu denen die du bemitleidest wirst zu nem
abziehbildchen kannste an scheißhauswände kleben starrste
ratlos drauf wischt du dir n arsch ab schon vergessen

im half the man i used to be

ich war auch mal in san francisco hab schon new york
gesehn im sommer oder wenn es schneit liebte viel in
serbien zog auch durch vietnam indonesien und japan kenn
el salvador ging dann sehr weit in london oder dublin
zuvor jedoch hab ich noch brüssel und auch kairo hinter
mir gelassen besoffen in nem club in krakau oder penzing
dachte an athen in kopenhagen oder war es doch jerusalem

es gibt viele arten von übergriffigkeit

ich schweige trinke konsumiere lieder in denen gepfiffen
wird bewege meinen körper im rhythmus meiner träume

wie in dem einen buch wir streben nach verbesserung
verändern jedoch nur und unser gehirn aufgebläht durch
selbstsucht droht zu zerbersten dennoch uns dürstet nach

viel mehr denn unsere psyche dieser faulige atem bietet
dem gehirn auch ständig nahrung

pläne schmieden

weitersehn

ein bisschen high werden

oder sehr

und nen doppelten nur einen

oder neunzehn

dann noch mehr davon träumen wie schön es einmal war

war es nie dann wieder tage an denen ich nur an ihre
sanftmut denke ihre güte menschen wie sie halten mich am
leben

to do welpen süß finden

alles was sie sagte klang positiv

ihre art naiv ihre worte klar ach wie süß hat sie immer
gesagt sie schwärmte doch dauernd von gutaussehenden
typen mit anstand

von coolen gutaussehenden anständigen typen

von typen die ihr nichts wollten ja

sie war oft besoffen kaufte sich dann welpen sagte schau
jetzt schlafen sie ach wie süß

wir verbringen jahre damit liebe zu erhoffen behaupten
dann nicht ich wollte was von dir du wolltest was von mir
entschuldigen uns mit kärglichen umarmungen oder dem
wunsch für immer zusammenzubleiben

erster stock links wurde von seiner freundin verlassen
hab die beiden im sommer oft gesehen an den weiher sind
sie meist gefahren mit dem fahrrad er fuhr grundsätzlich
voraus als er sich irgendwann mal nach ihr umdrehte war
sie weg er hing dann ein verdrecktes bettlaken ins
fenster monatelang hörte man ihn schreien im haus

muttermörder vaterficker spast wähnst verloren was du nie
zu schätzen wusstest weißt kaum zu schätzen dass du
nichts mehr zu verlieren hast

ich seh dich an von weitem nur weiß bereits zu viel von
dir

du kennst mich nicht nur ein wort von mir und dein
lügengerüst fällt in sich zusammen hältst dich für
überlegen beweise es sorge dafür dass ich mich
verliebe zerstöre mich

selbstverständlich

der dauerbesoffene schläger aus dem dritten starb an den
folgen jahrzehntelangen tabakkonsums sein lebensgefährte
versuchte stets zu lächeln viele male wurde ihm der
kiefer schon gebrochen n anderer typ wurde enthauptet
sein körpergewicht war falsch berechnet worden ich
fastete sagte das wiegt schwer

schmerzen jetzt in beiden oberarmen kein ziehn eher n
messerstich

nebenwirkungen möglicherweise von den schmerzmitteln

schmerzmittel gegen schmerzmittel nehmen jetzt jetzt
jetzt

nicht so hastig gleichmäßige bewegungen play it cool

kein ziehn eher wie ein stich mit dem messer

play it cool wie brando und dean

vielleicht doch so wie chet baker ans fenster setzen
träumen einschlafen verloren in ner komposition ewiglich
oder auch nur für immer

besser über friedhöfe flanieren sich mit verstorbenen
anfreunden hey hey gehts gut schon und dir auch was
machst du nicht viel und du auch nicht viel also dann
bis bald ja bis bald

kannst deine beine nicht stillhalten leichtes zucken der
beine kannst deinen kopf nicht stillhalten leichtes
zucken des kopfes drei tage live fast die young drei
monate entzug kennst das spiel ja mittlerweile deine
rechte hand zittert

noch wach

hab nie herausgefunden warum immer nur die rechte hand
die linke hand beinahe taub immer beinahe taub die linke
hand hab nie herausgefunden warum klinisch haben die
gesagt oder man muss klären ob es sich in ihrem fall
vielleicht nur um eine krise handelt denn der weg aus
einer krise ist immer einfach

sonnige tage herbeisehnen

dann sonnige tage

dann regentage herbeisehnen

dann regentage

dann wieder sonnentage herbeisehnen

warum leben sie

ich hatte keine wahl warum wollen sie sterben

ich habe keine wahl

du machst mir angst verhältst dich ständig so als würdest
du für immer fortgehen alles was du machst alles was du
sagst klingt nach abschied bleib bei mir leg deinen kopf
in meinen schoß lass dich fallen

wir tanzten zu irgendeinem song den ich nicht mochte
bewegten einander nicht umarmten uns bloß

diese leere

diese hoffnung

dieser lärm

diese stille

diese dunkelheit

dieses licht

gedächtnislücken

welches datum welches jahr welcher monat welcher tag

wieviel zeit habe ich noch

eine gefühlte ewigkeit

die idee gefangener deiner selbst zu sein beschäftigt
dich

sprich

wie frei kann man sein eingepfercht zwischen geburt und
tod

wie war das noch gleich körper du bist schwach geworden
lässt dich hängen bewerkstelligst dinge nur mit größter
not ich gesamtheit aller gefühlsregungen und geistiger
vorgänge jedoch will erkunden will erschaffen hab es satt
mich dir zu unterwerfen

hoffnung versiegt ähnlich schnell wie die
gleichgültigkeit mit der man bedürfnissen form und farbe
verleiht du veränderst wirst verändert dann veränderung

mal nach draußen sehn könnt auch kapstadt oder miami sein

aufstehen zählen jahre monate tage stunden minuten
sekunden an dich denken oder an dich oder doch lieber nur
an dich dann betrinken ich sinnlos betrunken trinke
weiter bis mein handeln sinn ergibt denke an dich oder an
dich oder doch lieber nur an dich im servicebereich
junger kellnerinnen die mich als bedrohung wahrnehmen

wenn ich ihr sagen würde meine sinne streben nur nach dir
wäre sie verängstigt angewidert vielleicht amüsiert

in stabilem zustand hättest du für solche gedanken
weder zeit noch energie

und du suchst verzweifelt nach neuen cafes kannst
schließlich nicht immer nur in einem residieren

einordnen zukunft propagieren obwohl du no future gelernt
hast und die stimmen in deinem kopf nehmen dich beim wort
skandieren ich könnte dir natürlich sagen was ich für
dich empfinde jedoch ich möchte dich nicht ängstigen

sich pflegen in der hoffnung dadurch der sterblichkeit zu
entgehen geschlechtsunabhängig irgendwann dennoch wie ein
schreckgespenst aussehen und die ärzte sagen ziehen sie
doch fort und du so wenn ich nicht in der lage bin meine
probleme hier vor ort zu lösen werde ich sie auch
woanders nicht lösen können

alles und jeden schmerzlich erfühlen hellwach

und die schwachen werden stärker und die starken werden
schwach wie der eine typ an der bar lichtes haar
weißgraues männlein die hoffnung stirbt zuletzt klar
irgendwann ist es dann soweit one more beer

los angeles reminds me a lot of munich it is crowded with
people who would actually like to be somewhere else but
are somehow trapped here

ein kühler regentag im november wird es sein natürlich
ein kühler regentag im november kannst hundertmal das
bedürfnis ausformulieren in ner milden sommernacht
sterben zu wollen ein kühler regentag im november ists

leben überleben generationen beim überleben zusehen dann
um blutleere städte kreisen in damentoiletten
öffentlicher berdürfnisanstalten zusammenbrechen an
blutdurchnässten tampons saugen auf blutdurchtränkte
monatsbinden onanieren beten untergehn

deinesgleichen niemand hast es schwer in der gesellschaft
gesellschaft gleich masse

dein platz in der gesellschaft nirgendwo wie war das ich
bin einer von diesen typen dad ich passe nirgends hin

viele sprechen sich frei von schuld ein wesensmerkmal das
die hoffnung ewig jung zu bleiben mit sich bringt meine
sinne schwinden jedoch verzweifle ich darüber nicht so
kann ich reinen gewissens behaupten nichts bemerkt zu
haben ich abgegriffen todgeweiht zufallsopfer unbeliebt
darbe seien wir uns einig nichts verpflichtet absehbar
dass intelligente wesen und es gibt sie nur noch
vereinzelt bald vollständig niedergemetzelt werden vom
pöbel welcher politik und religion als notwendig erachtet
denn pöbel ruht erst dann wenn er alles was sich ihm
bietet vollständig vernichtet hat

der lärm dieser lärm

das ist der blutstrahl

lautes pfeifen schriller ton ganz sonderbar

du musst dich bewegen beweg dich

die ideen gehn dir aus alle böse alles schlecht schon
klar

ist es nicht das was du immer wolltest niemanden hören
niemanden sehen

diese rötungen in deinen augen das ist keine allergie das
ist trauer vielleicht mal fröhlich sein vielleicht mal
lächeln auch wie du dich anziehst allerhand ich bitte
dich mach was alle machen propagiere diversität aber sei
dir stets bewusst diversität gleich andersartigkeit also
eine gefahr für frieden und wohlstand es wurde dir
prophezeit atemnot wahnvorstellungen warum willst du dir
nicht helfen lassen die sonne scheint geh raus fahr
irgendwo hin in den bergen hats geschneit du könntest
skifahren könntest andere sprachen lernen do it just do
it

warum musstest du dir der unmenschlichkeit
menschlicher existenz bewusst werden das macht dein leben
unnötig kompliziert

wir bieten dir die chance dich zu verbessern damit du
dich nach oben arbeiten kannst sei gefälligst dankbar und
deine stimme warum klingt die so sei natürlich sei normal

abseilen vom baum des lebens mich in fruchtlose böden
sämtlicher welten bohren unwillkürlich wieder und wieder

geborgte zeit abarbeiten jetzt jetzt jetzt

jetzt

nein

jetzt

ja jetzt die da draußen bedauern niederlagen feiern siege
wiedergeben die sehnsüchte ihrer ahnen verabscheuen
klagen es müssen viele sein schnelle saubere kriege war
against terror stand with these stand with those friendly
fire sorry pal your idol is a liar die da draußen ziehn
an mir vorüber es sind unendlich viele was bleibt

bedürfnisse

es genügt nicht die herzen der menschen zu berühren ihre
psyche muss erschüttert werden

all die blutergüsse in meinem körper sie werden nach und
nach versiegen

der moment wo du dich an eine schöne begebenheit
erinnerst und du lächelst deine augen röten sich dann
vermuten anwesende könnten der hat sie wohl nich alle
denken und du so gleichzeitig am nebentisch ich brauch
vor allem kein mitleid

das sagtest du als sich ihre augen röteten nachdem du ihr

erzähltest dass du weihnachten seit jahren allein
verbringst

so fühlt es sich an wenn man verletzt wird von jemandem
den man sehr gut leiden kann vereinbarung hiermit
vereinbarst du mit dir dieses verhalten dieses
fehlverhalten in zukunft zu vermeiden

einen grauen bart wolltest du dir färben um kantiger zu
wirken irgendwann wurde er von selber grau kantiger
wurdest du dadurch nicht denkst mit glattrasiertem
gesicht hast du wieder chancen bei zwanzigjährigen
sei ganz du selbst hüftschmerzen jetzt

vom dienen

wird sofort erledigt

need to think need to talk need to smile need to walk

wirkst abgekämpft müde irgendwie schlecht gelaunt
strahlst aber ruhe und gelassenheit aus

vielleicht noch zuversicht

obs hilft sich kindliche neugier zu bewahren verfällt der
körper doch ohnehin zur ruine

raubbau liegt in der natur der sache könntest behaupten
in nem krieg schwer verwundet worden zu sein seitdem

nicht mehr ganz dicht du

platz nehmen weit hinten weniger los weit hinten etwas
leiser weit hinten abschied nehmen einschlafen in ner
pisslache kannste dich betäuben so viel du willst wirst
müder nicht weiser die zeit eures lebens lust auf zukunft
ideen für ne bessere welt wenn ihr sehen wollt was daraus
wird beschäftigt euch mit der vergangenheit

geredet habt ihr

diskutiert

euch unterhalten bis spät in die nacht du hieltest ein
zerknülltes schwarzweißfoto auf dem deine großeltern in
jungen jahren zu sehen waren in der hand und sie sagte
die haben keinen festen stand es scheint als wäre eine
leichte böe in der lage beide davonzutragen mochten die
sich gar nicht

und ich so ein arrangement wars wohl ins gesicht geküsst
hat sie mich dann

blond war sie

brünett

wir sahen einander in die augen ihre augen traurig ich
sagte das geht vorbei sie antwortete schön wars heute
abend schön wars mit dir zu reden

anrufen hättest du sie können

auf jeden

bist allein nach haus gegangen in jener nacht
sommergewitter plötzlich heftiger regen hast dich
irgendwo untergestellt dabei gedacht its not me wasting
time its time wasting me stelltest dir vor wie die die
nichts von dir wollte am strand in der sonne liegt
glücklich und zufrieden lacht sagtest dann du bist
wirklich eiskalt

besser so zu alt

wir versuchen einander zu respektieren wähnen uns
füreinander bestimmt schmieden pläne für die zukunft
obwohl wir nicht an eine gemeinsame zukunft glauben
letzten endes sehen wir uns nach menschen um die wir
als wenig bedrohlich klassifizieren sprechen dann von
beständigkeit jahrelang oder eine gefühlte ewigkeit

dich heut gesehn neben dir an ner leine eine noch junge
hündin warst sehr streng zu ihr hattest die jeans an von
der ich immer sagte die macht schöne beine überlegte mich
dir zu nähern verließ stattdessen bedachtsam den raum

dann tagelang liegen tagelang schweigen tief einatmen
kaum ausatmen unterdrückte tränen dann aufstehen oder
mich erheben schwach elendig verkrüppelt

eben ohnmachtsgedanken

nur mut eine weile noch und du denkst wie schön wäre es
könntest du jetzt bei mir sein

und du sitzt da die medikamente wirken auch nicht mehr so
gut das nervt dich macht dich aggressiv dann erstellst du
eine liste eine liste mit namen menschen die dich scheiße
fanden frauen die dich abblitzen ließen rächen wirst du
dich an ihnen doch sie sind dir nach wie vor einen
schritt voraus leben ihr leben haben dir schon längst
vergeben oder besser haben dich noch nie bemerkt und
du murmelst leise vor dich hin nach ner weile sprichst du
lauter und weil dir nach wie vor keiner zuhört fängst du
an zu schreien dann bekommst du neue medikamente stärkere
medikamente und du hältst die klappe lächelst
konzentrierst dich aufs denken macht dich auch nicht
weise

die jungen denken positiv sprechen von lebenserhaltenden
maßnahmen beobachten die alten beim sterben

lass dich nicht ablenken nicht wie sondern warum
und diese stimme kaum wahrnehmbar dennoch omnipräsent

so dumm das können sie unmöglich alleine schaffen

den kopf bewegen leichte gleichmäßige bewegungen
verschleiern die trauer all is well everyone is happy

hast es dir zu bequem gemacht wenig miete wenig
verantwortung

lolife fuckup

keine schwäche zeigen keine tränen

irgendjemand sagte mal zu irgendwem was ist eigentlich
aus dem einsamen mann an der bar geworden wo man auch
hinsieht ansammlungen schlechtangezogener marodierender
berufsalkoholiker*innen mit miserablem musikgeschmack

stil ist nicht en vogue

der blutgesang krepierender

jetzt musst du nicht mehr sprechen

kannst du nicht mehr sprechen

schließt du frieden mit dir selbst oder redest dir ein
dies sei der fall läufst du nur noch barfuß durch die
gegend verbundenheit mit erde und all verbunden jedoch
bleibst du auch weiterhin nichts und niemandem

und irrationale ängste umformen dich zu einem traum
denken dabei du weißt deine tränen zu verbergen wie lange
willst du anderen noch einreden dich grundsätzlich falsch
entschieden zu haben

wie lange willst du dir noch einreden grundsätzlich
richtig entschieden ist dir eigentlich klar wie junge
leute dich wahrnehmen im cafe und an der bar

der neue lehnt den alten ab nur weil dieser nett zu ihm
war der oder die ist doch besoffen hat wohl niemanden
sucht verzweifelt anschluss ich brauche ihn oder sie
jedenfalls nich

so wirst du beurteilt

höchstwahrscheinlich

ziemlich sicher

ganz bestimmt

wem hilft es wenn ich mir darüber im klaren bin was
sollte ich daran noch ändern so spät

bist zu dem geworden der sich seltsam benimmt

er war allein geblieben kinder mochten ihn weil er auf
volksfesten immer geld verschenkte hey wie gehts dir
gibst du uns geld für die schießbude ja freilich meine
lieben so konnte er zumindest einen hauch von zuneigung
abgreifen ansonsten platzierte man ihn mindesten zwei
biertische entfernt vom rest der bevölkerung

nur zu seinem besten

wären menschen in der lage die sinnlosigkeit ihrer
existenz anzuerkennen würden sie in stiller harmonie
verweilen sehnsüchtig wartend auf den tod

wir haben es doch schön erleiden leid welches uns
erleidenswert erscheint gut dass wir nicht denken müssen
schön dass wir nicht fühlen ehre wem ehre gebürt

freiheit gleichheit brüderlichkeit

oder in dem einen film letztes drittel der protagonist
wird beinahe zu tode geprügelt er bleibt ne weile liegen
steht dann auf kauft sich fusel nimmt nen ordentlichen
schluck im ersten drittel entleibt er sich bleibt aber
dennoch allein legt die flasche in ne glasmülltonne
überlegt steigt dann selbst hinein macht den deckel zu

ihre wortwahl ein unbeabsichtigtes wechselspiel aus
bruststimme und kopfstimme ihre kleidung der situation
unangemessen sie vermutet dies arbeitet nach wie vor hart
daran ein talent für stil zu entwickeln sitzt mit geradem
rücken lacht beinahe überlegen sieht sich hektisch um von
zeit zu zeit oft dachte ich darüber nach mich ihr zu
nähern sie aus mitleid zu umarmen aber du weißt ja sie
braucht kein mitleid das letzte was sie braucht ist
mitleid außerdem männer mit kleidung die von normen
abweicht extrem verdächtig also sitzen bleiben unterspannt
wirken hellwach sein auch wenns schmerzt hellwach bleiben
auch wenns nach wie vor furchtbar schmerzt

in allen sehnen

vom kriechen

rücken

vom aufrecht gehn hast jahrelang kuhmilch gesoffen in dem
glauben deinen knochen etwas gutes zu tun fehlanzeige

und die jungen sagen klar is der allein wer will sich
schon dauernd von dem deprimieren lassen

hast ein leben lang hart daran gearbeitet auf ewig
verachtenswert zu bleiben

menschliche nähe praktizieren

wenn ich wieder essen kann werde ich die nahrungsaufnahme
verweigern dann wird man fragen bist du gesund und ich so
ja klar dann umarmen einander nicht berühren denn
umarmungen mit körperkontakt also unmittelbarer ausdruck
uneingeschränkter wertschätzung gilt als übergriffig

angst vor viren

zweites stockwerk streitet sich er nennt sie wertlose
fotze

hat nen hang zu typen die sie erniedrigen hoffnung stirbt
zuletzt komm wir tanzen in den untergang hast gelitten

musstest leben lass uns sterben jeder liebt die toten

und du schätzt den abstand bett tür drei meter also
zweieinhalb meter zu viel nimmst dir vor bald mach ich ne
weltreise gehst los im laufschritt schaffst es bis zum
spätkauf gegenüber

nur hin nicht zurück

weder noch

wer wo zerstückelst dein gedankengut weil dir worte
fehlen verlierst zusammenhänge verkaufst diese
unzulänglichkeit als dramatische pause durchschaut man
doch die leute sind nicht so dämlich wie du denkst löcher
hast du dir ins gehirn gebrannt gehirnschädigungen sinds
drogen und alkohol über jahre von wegen junge frauen du
bist raus auch deine haut am hals man erkennt wie alt du
bist

erwachen mit dieser wut im bauch und du setzt dich hin
versuchst diese wut auszuscheißen gelingt dir nicht und
du gehst nach draußen mit dieser wut im bauch schreist
irgendwelche leute an dadurch gehts dir auch nicht besser
und du kommst nach hause mit dieser wut im bauch
versuchst nochmals sie auszuscheißen gelingt dir wieder
nicht und du legst dich hin mit dieser wut im bauch bist
müde von dieser wut im bauch schläfst ein träumst von
menschen die dir nichts böses wollen

hättest behaupten sollen traumatisiert zu sein weil man
es nur gut mit dir meinte

ich bin fünf und mit vater in der badewanne er überredet
mich dazu seinen steifen schwanz so lange zu waschen bis
er ganz sauber ist das erkennt man daran wenn der schmutz
rausläuft

dann mutter so was soll das ihr spinnt doch

du wirst es verstehen wenn du älter bist

ob dies als fortschritt bewertet werden kann

weder noch ich bin acht mutter schlägt mir meine
vollgeschissene unterhose ins gesicht

die hübschen mädchen lachen dich aus menschen entfernen
sich von dir beschweren sich über deinen gestank

du stinkst nach scheiße

so verhalten als wäre es die coolste sache der welt
scheißend von der decke zu hängen

ihr interessiert euch wirklich für mich fresst meine
blutgetränkte scheiße findet gefallen daran und bittet um
mehr dann schenke ich euch glauben

scheiße verbindet

durch blut urin und scheiße waten

gut für die gelenke sympathisch wirken sonst kauft dich
keiner vielleicht scheißt du ja die ursache deines
leidens aus scheiß aus deine als seele getarnte psyche
nur mut ausscheißen jegliche zerstörungswut

ich bin in gedanken hoffnungslos spaziere durch den regen
denke darüber nach junge frauen zu beeindrucken denke
darüber nach gutes zu tun denke dann samstagnachmittage
längst vergangen leicht bewölkt und mild und still

wunderbar ist dir aufgefallen dass du dich fremden
plötzlich anvertraust seitdem dir klar geworden ist dass
niemand was von dir will

der typ im fernseher sagte denk nach und ich dachte nach
kam zu keinem brauchbaren ergebnis dachte nichts mehr und
denk später ging in ne bar vermutete wieder mal der
älteste zu sein sah mich um vermutete richtig überlegte
wieder nach hause zu gehen blieb dennoch eine weile wurde
ausgelacht oder an schlief ein zwischen toilette und
garderobe wurde vermutlich angeschissen oder voll
zumindest regnete es nicht dachte ich dann

toll also mehrmals am tag wichsen mit ejakulation nicht
nur matschiger ausfluss ordentlich abspritzen dann denken
bald gibt es wirklich keinen grund mehr mich auf den
nächsten tag zu freuen

so hart war der zuletzt als du elf jahre alt warst und im
schwimmbad frauen beim umziehen beobachtet hast

scheiße ist fruchtbar lass dich fallen versuch es nur zum
schönsten menschen wächst du bald heran

du bist vier ruderst mit armen und beinen zeichnest einen
engel

verschissener vater unser im verschissenen himmel
geheiligt werde dein verschissener name dein
verschissenes reich komme dein verschissener wille
geschehe wie im verschissenen himmel so auf scheiß
erden unser tägliches verschissenes brot gib uns heute
und vergib uns unsere verschissene schuld wie auch
wir vergeben unseren verschissenen schuldigern und führe
uns nicht in versuchung sondern erlöse uns von den
verschissenen bösen denn dein ist das verschissene reich
und die verschissene kraft und die verschissene
herrlichkeit in ewigkeit amen

richtige worte finden beschreiben zustände emotionen
farben finsternis mein atem in deinem nacken an deiner
brust in deinem schoß

mit der die nichts von dir wollte konntest du dir von
anfang an eine beziehung vorstellen

smalltalk

unendlich lange sprechpause

gespräche die du mit niemandem sonst geführt hättest ohne
ich hab keine lust auf smalltalk zu sagen dann lächeln
bist du noch dran

zu jung

woher willst du das wissen

kein gefühl mehr meine beine dieser lärm

das ist der blutstrahl

was bleibt wenn wir eines tages voneinander lassen

die idee durch etwas besseres ersetzt zu werden

dieser gedanke feuermal einfriert sich in meine
bewusstseine

wohin gehst du

ich weiß es nicht

wann kommst du zurück

ich weiß es nicht

wer bist du

ich weiß es nicht